AF203993

„Phantasie ist wichtiger als Wissen,

denn Wissen ist begrenzt."

Albert Einstein

Per la mia ispiratione, soprattutto per Mikelle,

il signore sulla Luna, grazie per tutto.

Ewita

Der Mann auf dem Mond

Ein Poesiebuch

Copyright 2021: Ewita

Gestaltung & Satz: Jennifer Weng | www.jenniferweng.de

Cover-Illustration: Umberto Castellani | Rom 2021

Fotos & Illustrationen innen: www.pixabay.de

Lektorat: Dr. phil. Hartmut Nowacki

Verlag & Druck: tredition GmbH
Halenreie 40-44 | 22359 Hamburg

ISBN:
978-3-347-32259-2 (Paperback)
978-3-347-32260-8 (Hardcover)
978-3-347-32261-5 (e-Book)

Vorwort und Danksagung

Liebe Leserinnen, liebe Leser!

Was wäre das Leben ohne unsere Inspirationen, Menschen, die ganz plötzlich in unser Leben kommen und alles umkrempeln. Menschen, die unsere Seele berühren, ohne uns zu umarmen. Menschen, die dann plötzlich auch wieder gehen, aber für das ganze Leben ihre Spuren hinterlassen. Ja, solche Inspirationen sind wichtig und manchmal auch – in schweren Zeiten – lebensnotwendig und genau auf Basis solch einer starken Inspiration ist dieses Buch entstanden.

Ich bedanke mich bei allen, die bei der Entstehung des Buches geholfen haben. Ich bedanke mich bei meinen Kindern, Frédéric, Maja und Leonard, die mir jeden Tag neue Herausforderungen bringen. Bei Martin für seine Unterstützung, für das Teilen des Schicksals und des Alltags, mit einer Prise guten Spannung und Liebe. Bei Dagmar für ihre Zeit in unruhigen Zeiten. Bei „Mamma Renate" für das

Einspringen, immer ein gutes Wort und Rat.
Bei Jenny für den grafischen Blick und die guten
Ideen. Danke an Ania und ihre unermüdliche Hilfe
beim Übersetzen, bei Umberto für das tolle und
einmalige Cover-Bild. Schließlich bedanke ich mich
bei meinem Lektor und Mentor Dr. Hartmut Nowacki
für die Ehrlichkeit und konstruktive Kritik.
Ich bedanke mich auch bei meinen Eltern, die
zwar aus sprachlichen Gründen nicht verstehen,
was ich hier geschrieben habe, aber trotzdem
sehr stolz auf mich sind.

Ihnen, liebe Leserinnen und Leser, wünsche ich
viel Spaß und Freude beim Eintauchen in eine
Poesie – Phantasie – Welt. Wer weiß, vielleicht
schaut „Der Mann auf dem Mond" manchmal
auf jeden von uns ...

Ihre Ewita

Inhaltsverzeichnis

Heute bin ich Dichterin

Heute bin ich Dichterin
Stark und elegant
Morgen eine Königin
Aus dem fernen Land
Übermorgen wieder Gattin
Brav und sehr charmant
Danach eine Leiterin
Immer gut gelaunt

Heute bin ich Sängerin
Und singe dir ein Lied
Morgen eine Pflegerin
Welch ein Unterschied

Freundin bin ich vieler Menschen
Denken manche so
Dass es nicht die Wahrheit ist
Darüber bin ich froh

Du willst wissen
Wer ich bin
Das ist nicht so schwer
Wenn du nicht mehr weißt
Wohin
Komm mit mir ans Meer

Begleite mich

Begleite mich
Durch die Nacht
Auch wenn du nicht verstehst
Und schweigend weiter gehst

Jetzt wird es wirklich ernst

Ich brauche hier dein Ohr
Auch wenn ich den Sinn verlor
Du gibst mir Kraft zum Leben
Du musst mir nicht viel geben

Sei einfach da und schweige
Hör, da spielt eine Geige
Während ich dir meine
Vielen dunklen Seiten zeige

Begleite mich
Durch die schwere Zeit
Ich bin noch nicht soweit

Sei also bereit

(Veröffentlicht in der Sonderausgabe der Anthologie mit dem Titel „Wenn es dunkel wird in mir", Frieling Verlag Berlin, Juli 2021)

Fragestunde

Viele Fragen habe ich
Und einige sind für dich

Erstens was ich wissen will
Warum bist du oft so still?
Was beschäftigt dich so sehr?
Fahren wir bald weg? Ans Meer?

Deine Blicke kannst dir sparen
Warst du glücklich vor 5 Jahren?
Was ist später? Irgendwann?
Hast du Pläne? Gehst voran?
Oder trittst an einer Stelle
Und sehr arm ist deine Seele?

Meinst du, du bist gut erzogen?
Hast du jemandem betrogen?
Wieviel Geld hast du verdient?
Warst du traurig und verliebt?

Was sind deine Träume? Ziele?
Deine Frauen – waren es viele?
Bist du glücklich hier und jetzt?
Wie oft wurdest du verletzt?

Was ist denn dein Lebensmotto?
Spielst du gerne manchmal Lotto?
Morgen frage ich dich weiter
Heute muss ich gehen, leider

Lass uns etwas trinken gehen
Sicher kann ich dich verstehen
Kannst mir immer alles sagen
Ohne meine tausend Fragen

Vielleicht schläft der liebe Gott

Vielleicht schläft der liebe Gott
Denn wenn er uns sieht
Wird er nicht begeistert sein
Drum singe ich ein Lied
Über schöne Wiesen, Weiden
Über Felder und uns beide

Er soll bitte uns verschonen
Und uns lieber sehr belohnen
Weil wir immer zu ihm stehen
Das Gebet wird nie vergehen

Auch wenn er nicht sehen will
Was wir tun, sei jetzt still
Lass ihn schlafen, sei sehr leise
Gott sieht uns auf seine Weise

Und weil wir das immer tun
Kann der Gott sich nicht ausruhen

Schreib mir leise

Tausend Nachrichten am Tag
Und ich warte nur auf eine
Einzige, die nicht kommt

Schreib mir endlich ein paar Zeilen
Ich antworte dir sehr prompt

Schreib mir schön, schreib mir leise
Schreib mir nur auf deine Weise
Egal was später kommt

Schreib mir viel, schreib mir lang
Schreib mir um meinen Verstand

Setze alles auf 'ne Karte
Merkst du nicht, wie ich hier warte?

Schreib mir also nette Zeilen
Du darfst vieles mit mir teilen

Du bist doch ein feiner Mann
Schreib mich an

Viele Anrufe am Tag
Und ich warte auf den einen
Einzigen der nicht kommt

Ruf mich bitte heute an
Hier ist kalt an dieser Front
Sprich mit mir, sprich auch leise
Ich gehe mit dir auf 'ne Reise
Egal, was später kommt

Ich setz' alles auf 'ne Karte
Lady, schau wie ich hier warte

Möchte vieles mit dir teilen
Freue mich auf deine Zeilen

Du bist doch 'ne feine Frau
Ruf mich an

Abschied

Die, die zurückbleiben
Haben es am Schwersten
Du warst mir
In meiner Welt
Am Engsten

Jetzt bist du fort
Und ich bin hier
Sehe dies schwarz weiß
Auf einem Papier

Hoffe du bist
An einem guten Ort
Bitte bitte gib mir
Dein Wort
Aber du schweigst
Ich höre dich nicht
Meine Augen sind nass
Meine Welt zerbricht

Warum bist du
So schnell gegangen
Jetzt bin ich wieder
In dunklen Netz
Gefangen

Wie schön es wäre
Mit dir nochmal zu lachen
Dich hören, küssen,
Verrückte Sachen machen

Einzig was bleibt,
Ist die verdammte Leere
Sehr traurig für immer
Ist meine Seele

Aber die schönen Erinnerungen
Mit dir halten mich wach
So viel erlebten wir
Unter diesem Dach

Das kann man gar nicht
Hier alles beschreiben
Wenn ich dies tue,
Fange ich an zu weinen

Also sage ich leise
Mein Herz zerbricht
Die Seele trauert
Ich liebe Dich

(Veröffentlicht in der „Frankfurter Bibliothek 2021", Brentano Gesellschaft)

Zu wenig weiß ich noch

Zu wenig weiß ich noch
Ich falle in ein Loch
Und du gibst mir die Hand
So schließt sich unser Band

Zu wenig weiß ich noch
Du bist hier also doch
Obwohl ich kleiner bin
Das ist erst der Beginn

Zu wenig weiß ich noch
Du bist hier immernoch
Es ist ja kein Muss ...

Heute

Sende ich dir einen Kuss

Vampir

Auf einem großen Berg
Lebte er stolz
Sein Haar war kurz
Sein Haus aus Holz

Er lebte einsam
Sprach mit keinem mehr
Die Familie und Freunde
Fehlten ihm sehr

Er wusste nicht
Warum er alleine ist
Hat lange überlegt
Der große Pianist

Hat nicht gemerkt
Wie weh er allen tat
Mit seiner Art
Hat er nichts gespart

Er hat immer nur
An sich selbst gedacht
Ehrlich hat er
Nur selten gelacht

Obwohl er ein
Gutes Herz hatte
Verlor er sich im Leben
Wurde zu einem Vampir
Wollte nichts mehr geben

Ich will doch nur spielen

Ich will doch nur spielen
Und das nicht nur Musik
Lass mich nicht frieren
Genieß den Augenblick

Ich will nicht lange warten
Zu schnell vergeht die Zeit
Gehen wir in den Garten
Bist du jetzt bereit?

Ich will doch nur spielen
Mal Katze mal Maus
Nur nicht genieren
Hier in meinem Haus

Ich will das Glück fangen
Mit dir Hand in Hand
Morgen bist du gegangen
Verliere den Verstand

Ich will doch nur spielen
Nicht mehr und nicht lang
Bist einer von vielen
Mein nächster Fang

Frieden

Ich will Frieden
Auf der Erde
Und in mir

Verabschieden
Von der Wahrheit
Und von dir

Wenn du zu den Sternen fliegst
Und dann auf der Wiese liegst
Und von oben auf mich schaust
Lässig dein Kaugummi kaust

Möchte ich dass du es weißt
Ich bin ein unruhiger Geist

Fliege dir nicht hinterher
Auf der Erde tanzen
Möchte ich sehr

Frieden solls für alle Zeiten geben
Nur so kann man weiterleben

(Und überleben)

Also wenn du auf mich
Schaust von oben
Tut mir leid
Ich bin am toben

Lächle sanft und wink'
Zu dir

Ich will Frieden
Auf der Erde
Und In mir

Der Mann auf dem Mond

Der Mann auf dem Mond
Schaut zu – auf unsere Welt
Leider ist dort vieles
Was ihm nicht gefällt

In einem fernen Land
Wo eine Diktatur herrscht
Und ein dicker Mann
Den militären Thron belegt

Wo Frauen
Keine Rechte haben
Und lächeln müssen
Nach den Taten der Männer

Sinnlos vergehen
Die Jahre der Penner
Die hinter dem Kaiser stehen
Und wollen
Die Wahrheit nicht sehen...

Das große Schwein
Drückt fast auf den Knopf
Der Mann auf dem Mond
Schüttelt den Kopf

Hinter dem Ozean
Gibt es ein Land
Eine Traumfabrik
Ist dort sehr bekannt
An seiner Spitze
Ein Clown, ein Milliardär
Macht zu haben
Für ihn ein besonderes Flair
Dass er damit statt zu bauen, zerstört
Scheint er nicht zu begreifen,
Die Welt ist empört

Der Clown ist sich selbst
Der größte Feind
Der Mann auf dem Mond
Ist traurig und weint

(Fortsetzung auf S. 30)

Der Mann auf dem Mond (Fortsetzung von S. 29)

Weit unten im Süden
Herrscht ein langer Krieg
Tolle Häuser, ich weiß nicht
Ob es diese dort
Überhaupt noch gibt
Das Leiden für
Einen sinnlosen Zweck
Die fliehenden Menschen,
Es gibt kein Versteck

Der Tod und die Bomben,
Überall nur viel Dreck
Der Mann auf dem Mond
Dreht den Kopf weg

Vierzig Grad Celsius
Fast gar kein Wind
In einer Wüste
Sitzt einsam ein Kind
Seine Eltern sind tot
Es singt ein Lied
Ob es noch eine
Zukunft für sich sieht?
Aids hat Millionen Kinder
Elternlos gemacht
Eine tückische Krankheit
Ist heute noch bekannt

Doch das kleine Kind
Hat ein helles Licht
Sieh nur wie
Der Mann auf dem Mond
Innerlich zerbricht

Der Mann auf dem Mond
Schaut zu – auf unsere Welt
Leider ist dort vieles
Was ihm nicht gefällt

Und ich schaue zu ihm
Seine Hoffnung fällt
Ich bete leise
Für eine bessere Welt

Geburtstag

Heute ist dein Geburtstag
Und alle freuen sich
An diesem besonderen Tag
Denke ich warm an dich

Denke an die vergangenen Jahre
An dein Lächeln, schöne blonde Haare
Denke an deinen Rat von damals
Und dass du immer für mich
In schweren Zeiten
Da warst

Danke, Mama
Ich gratuliere!
Hundert Jahre sollst du werden
Und dich nur noch amüsieren

Wünsche dir Glück, Gesundheit
Viel Magie und Sterne
Ein kleines Liedchen
Singe ich dir gerne

Wünsche dir
Dass du alles machen kannst,
Was dir gefällt

Du bist die beste Mama auf dieser Welt!

Mach mal Pause

Mach mal Pause
Sei ganz leise
Höre nur auf dich

Höre ganz genau
Wie deine
Stimme
Aus den Tiefen
Zu dir spricht

Mach mal Pause
Sprich ganz leise
Und ganz langsam
Werde einsam
Nur mit dir

Ist das alles
So in Ordnung
Wie es gerade
Bei dir ist?

Ist dein Leben
Lebenswert
Oder nur
Tägliche Pflicht?

Fühlst du dich
Geliebt
Gebraucht

Fühlst du Freude
Und schreist
Wow?

Sei doch ehrlich
Mit dir selbst

Wünsche
Dass du dich
Vor'n Spiegel
Stellst

Und betrachtest
Deine Welt

Fühle dein
Inneres Zuhause

Mach mal Pause

Du bist mein Weihnachten

Noch gehen wir
Durch die Straßen
Und kaufen Essen
Und Geschenke

Noch sind wir
Launisch und gestresst
Aber wenn ich darüber
So nachdenke

Weihnachten ist mehr
Als das Kochen, Essen
Und Präsente

Und wen ich dieses Jahr
Heute noch beschenke

Weihnachten fängt
Zu Hause an
Ein nettes Wort
Jetzt – nicht irgendwann

Ein Lächeln, Umarmung,
Ein Kuss, ein Lied
Gemeinsame Zeit
Ob diese noch gibt?

Ja, ein Glück,
Die gibt es noch
In dieser verrückten Welt
Bin ich sehr froh

Dass du, mein Engel
Stets an meiner Seite bist
Und unsere turbulenten Jahre
Nie vergisst

Und dass wir damals wie heute
Über vieles lachten

Du bist mein Weihnachten

Jagd

Heute gehe ich auf eine Jagd
Wenn mich jemand weiter fragt
Dem werde ich es mutig sagen
Ich liebe es mal nachts zu jagen

Ich verwandle mich in einen Vampir
Und stille leise meine unstillbare Gier
Keiner sagt was und wer es wagt
Den nehme ich gerne mit

Auf meine Jagd

Du kannst mir die Welt erklären

Gehe noch nicht weg
Ich brauche dich

Will dir gerne weiter schreiben
Du sollst hier noch bei mir bleiben
Gehe also nicht

Du kannst mir die Welt erklären
Noch so vieles zeigen
Du kannst reden, nicht belehren
Wir müssen nicht mehr schweigen

Gehe also noch nicht weg
Ich brauche dich
Und du brauchst mich

Jetzt

Es ist perfekt

Wir, Corona – Kinder

Wir, Corona – Kinder
Haben es nicht leicht
Wir, Corona – Kinder
Sagen jetzt: es reicht!

Wir, Corona – Kinder
Müssen es ertragen
Wir, Corona – Kinder
Haben nichts zu sagen

Wir, Corona – Kinder
Sind tapferer denn je
Wir, Corona – Kinder
Genießen auch den Schnee

Wir, Corona – Kinder
Mit Masken im Unterricht
Wir, Corona – Kinder
Homeschooling – unsere Pflicht

Wir, Corona Kinder
Nehmen alles, wie es ist
Ob wir denn verblöden?
Nein, ich glaube nicht!

Wir, Corona – Kinder
Weinen manchmal nur
Wir, Corona – Kinder
Können nichts dafür

Und während sich jetzt alle
Auf Corona testen
Wir, Corona – Kinder
Verkraften diese Zeit am besten

...

Wir, Corona – Kinder
Haben es nicht leicht
Wir, Corona – Kinder
Sagen jetzt: es reicht!

Treffpunkt Sonne oder Mond

Treffpunkt Sonne oder Mond
Wo die reine Wahrheit wohnt

Lass uns hier verschwinden leise
Tun wir's auf unsere Weise

Auf dem Weg dorthin sei still
Mache das, was ich grad will

Du wirst sicher nichts bereuen
Sehr wohl kann ich dich erfreuen

Sieh mal auf die vielen Sterne
Während ich dein Herz erwärme

Und dir sage „sei jetzt weise,
Komm mit mir auf eine Reise"

Immer wieder denke ich an dich

Die Tage vergehen
Ich blieb lange stehen

Das Schreiben vertage
Die Leere ertrage

Immer wieder denke ich an dich
Und ich spüre
Du denkst manchmal
Auch an mich

Die Erinnerung an deine Stimme
Und deine Frage
Ich halte inne

Bevor ich was sage...
Ob ich das noch wage?

Heute wieder kein Bericht
Und kein Lächeln im Gesicht

Gib mir mein Herz zurück

Gib mir mein Herz zurück
Ich will nicht, dass es noch weh tut
Wünsche dir sehr viel Glück
Und auf deinem Weg auch viel Mut

Aber lass mich jetzt bitte in Ruhe
Schluss mit deinem Getue
Ich will mein Leben zurück
Ich will mein eigenes Glück

Verschwinde aus meinen Gedanken
Ich möchte mich noch bedanken
Für die Geduld und Verständnis
Und für die neue Erkenntnis

Gib mir mein Herz zurück
Es ist dein Lieblingsstück
Zu quälen und zu bestrafen
Bist nicht der sichere Hafen

Also lass mich jetzt wieder alleine
Dir ist egal ob ich weine
Schreibe dein neues Stück
Gib mir mein Herz zurück

Wie toll diese Geschichte begann

Manchmal
Steht ein Mensch
Neben dir
Und lächelt dich
Schön an
Was für ein toller Kerl
Denkst du
Doch leider
Kommt es dann

Zu einer Überraschung

Du bist traurig denn
Er lachte und führte
Was im Schilde
Du würdest dir wünschen
Dass ich mir das einbilde

Jedoch habe ich selbst
Viele Male erlebt
Sie lächeln dich an
Und sagen dann ade

Oder noch schlimmer
Sie drehen sich um
Und verkaufen dich bei
Vielen anderen für
Dumm

Du wirst verarscht
Wo du dabei stehst
Am besten
Dass du von solchen Leuten
Ganz weit weg gehst

Traurig ist das
Auch heute Nacht
Vorhin haben wir doch
So toll gelacht

...

Manchmal
Steht ein Mensch
Neben dir
Und lächelt dich
Schön an

Wie toll diese Geschichte begann!

Du darfst jetzt gehen

Du darfst jetzt gehen
Aus meinem Kopf
Und meinem Herz

Du musst verstehen
Für mich ist das alles hier
Kein Scherz

Du darfst jetzt gehen
Ganz weit weg
Wo dich keiner kennt

Renn um dein Leben

Renn einfach weg

Klarstellung

Ich verabschiede mich
Von blöden Gedanken
Ich verweise sie
In dunkelste Schranken
Dann gehe ich
In den Wald
Neue Energie tanken

Ich verabschiede mich
Von tausenden Kriegern
Von Lügnern und Überfliegern
Eine einsame Insel
Ist mir wirklich
Viel lieber

Ich verabschiede mich
Von Besserwissern
Sie haben meistens ein
Schlechtes
Gewissen
Hinter deren dunklen
Kulissen
Die möchte man auch
Nicht mehr missen

Ich sage

Nein zu Rassismus,
Nein zu Egoismus
Nein zu Terrorismus

Nein ....

Ich bin endlich frei

Bist du dabei?

(geschrieben nach dem Tod George Floyds während
der weltweiten Proteste der „Black Lives Matter"-Bewegung)

Nimm mich in den Arm

Nimm mich in den Arm
Und lasse mich nicht los
Bei dir ist's immer warm
Und doch hoffnungslos

Wenn du wissen willst
Sei jetzt einfach still
Hör' auf deine Seele
Höre was sie will

Auch wenn die Geschichte
Zwischen uns kurios
Nimm mich in den Arm
Und lass mich nicht mehr los

Ort

Vermutlich warst du noch nie dort
Es ist ein sehr abgelegener Ort
Wo du die Seele baumeln lassen kannst
Wo du auch neue Energie tankst

Wo die Bäume grüner sind als hier
Wo vergessen ist die menschliche Gier
Wo du frei sein kannst und du selbst
Ein Ort, wo noch die Menschlichkeit herrscht

Und wo du laut lachen kannst....

... ist kein Scherz

Ich weiß nicht, was du davon hältst.

Aber ich war da
Und habe gesehen
Dort war's so schön
Ich blieb lange stehen

Habe genossen
Die Stille
Die Wellen
Das Vogelgezwitscher
Und die reinen Quellen

Das kann man sich gar nicht so richtig
Vorstellen
Jedem kann ich den Ort empfehlen

Vermutlich warst du noch nie dort
Es ist ein sehr abgelegener Ort

Drum sage dir heute
Ich lade dich ein

An den Ort meiner Träume

Eine Sehnsucht ist nicht einfach

Wir können nicht zusammen sein
Und das fällt uns schwer
Schaue aus dem Fenster – dort
Sehe ich das Meer

Sehe, wie wir Hand in Hand
Gehen feinen Sand entlang
Sehe, wie wir reden, lachen
Über uns're Träume wachen

Sehe Möwen, helles Licht
Du berührst zart meine Haare
Küsst mein lachendes Gesicht

Sehe, wie wir Steine suchen
Oder Sterne? Lass mich gucken
Nein, du willst nicht aber ich
Voller Liebe und Magie
Mit goldenem Mantel
Umarme ich dich

Eine Sehnsucht ist nicht einfach
Und nichts tröstet mich
Meine Seele weint seit Tagen
Meine Welt langsam zerbricht

Eine Sehnsucht ist nicht einfach
Mache meine Augen zu

Spüre deine Haut auf meiner

Merke

Das bist du

Wir brauchen einander sehr

Wir brauchen einander sehr
Und heute noch so viel mehr
In dieser schweren Zeit
Wir waren nicht bereit

Wir brauchen einander sehr
Wir schaffen so viel mehr
Obwohl andere Träume
Manchmal auch enge Räume

Und trotzdem sind wir zusammen
Und halten alles in Flammen
Auch wenn es manchmal schwer
Wir brauchen einander sehr

Ein Brief, der ans Herz geht

Ein Brief, der ans Herz geht
Ist leider schon zu spät

Zu schnell vergeht die Zeit
Alles ging zu weit
Wir waren nicht bereit

Hoffe, du verzeihst ...

Verzeihe meine Fehler
Große und kleine
Auch wenn ich danach heller
Sah

Du warst mir zu nah
Ich musste gehen

Du musst verstehen

Die Welt kann nur
durch uns Menschen heilen

Aus einer Welt
Voller Hass und Blut
Voller Neid und Wut
Befreie mich

Aus einer Welt
Wo noch Kriege sind
Und wo die Unschuld
Durch Waffen besiegt wird
Befreie mich

Ich will nicht hier sein
Bin stark doch allein
Mir tut es weh
Wenn ich das seh'
Was draußen passiert
Bin irritiert

Befreie mich schnell
Und lauf mit mir weg
Lauf durch die Wüste
Find ein Versteck

Damit wir beide
Die Zeit überstehen
Und kommen nur raus
Um sicher zu gehen
Dass Frieden herrscht
Und keine Kriege

Die Menschheit wird wieder
Voller Liebe

Es ist ein Traum
Ich weiß, lieber Mann
Nun lass mich träumen
Noch eine Weile

Die Welt kann nur
Durch uns, Menschen
Heilen

Wenn jeder heute
Bei sich anfängt
Musst du mit mir
Nicht fliehen

Wir brauchen kein Versteck

Als ich dich damals
das erste Mal sah

Als ich dich damals das erste Mal sah
Dich mit deinem blonden lockigen Haar
Mit deinem Grinsen im Gesicht
Und Augen, die sagten „ich will doch dich".

Ich sah aus dem Fenster
Es hat geregnet
Du bist mir in einer schweren Lebensphase begegnet
Nun wollte ich nicht zugeben
Wie neugierig ich auf dich war
Und auf das was du erzählt hast
Du warst mir plötzlich so nah

Deine Welt hat mich berührt
Und deine Ehrlichkeit
Die Wahrheit wohnte für mich nicht weit

Ich habe mich wie eine Schnecke verkrochen
Ich glaube ich habe dir das Herz gebrochen
Ich wollte nicht glauben
Was zwischen uns passiert
Das alles hat mich schon
Sehr irritiert

Verziehe also mein Schweigen und schau
Wieviel gutes du hast, schau ganz genau
Ich muss jetzt weiter meine eigenen Wege gehen
Ich weiß, du wirst weinon, mich aber verstehen

Auf deine weiteren Tage möchte ich dir sagen,
„Hab Mut, meine Lady,
Hör nie auf neugierig zu jagen!"

Ich werde weinen,
wenn ich dich wieder sehe

Ich werde weinen
Wenn ich dich wieder sehe
Ich brauche so dringend
Deine Nähe

Du berührst mit deinen Augen
Meine Seele
Und wenn ich dir über
Mein Leben erzähle

Hörst du aufmerksam zu

Du gibst mir Mut, ja wirklich du

Unglaublich wie finster da draußen ist
Ich habe dich so schrecklich vermisst

Schön, dass du da bist
Und jetzt komm rein
Wir trinken wieder
Blutigen Wein

Am besten

Am besten

Würde ich eine Höhle bauen
Mich darin verkriechen
Und dann nach oben schauen

Den Himmel sehen
Und darauf vertrauen
Dass alles, was geschieht
Seinen Sinn hat

Ich möchte bauen

Nicht zerstören

Deshalb gehe ich in die Höhle rein
Und werde weiter bohren

Damit mich keiner sieht

Unten
Singe ich ein Lied
Und habe Hoffnung

Dass nichts
Verbotenes
Mehr
Geschieht

Ich brauche neue Töne

Ich brauche neue Töne
Und neue Schuhe
Aber schöne

Damit ich weglaufen kann
Von dir
Du böse Macht

Morgen
Genau um Mitternacht
Gehe ich auf einen Berg
Und fest entschlossen
Schaurig blutig
Vollende ich
Dein finsteres Meisterwerk

Dann werde ich Geige spielen
Tanzen im roten Kleid
Als wäre nichts geschehen

Unten warten auf mich
Meine Söhne

Ich brauche neue Töne

Es ist vorbei

Es ist vorbei
Keine Tränen mehr
Keine Worte

Es ist vorbei
Keine Hoffnung mehr
Neue Orte

Es ist vorbei
Ich bin endlich frei

Zähle auf dich

Wenn Ruhm und Applaus
Vorbei gehen
Und wir in der heißen
Wüste stehen
Und nichts mehr haben
Außer unseren Atem
Denn viele haben uns
Unerwartet verraten

Wenn wir also da stehen
Und klagen
Möchte man eigentlich nur
Eines sagen
Alles vergeht,
Nichts ist verlässlich
Schau nur nach vorne
Und zähle auf dich!

Danke

Heute möchte ich „Danke" sagen
Als wir auf der Wiese lagen
Durfte immer alles fragen
Vieles musstest du ertragen
Danke für die Geduld und Mut
Für mich wohl das höchste Gut

Danke, dass du dir Gedanken machst
Danke, dass du mit mir lachst
(und weinst)
Danke für die Ehrlichkeit und Treue
Dinge über die ich mich sehr freue
Danke für dein Lächeln
Danke, dass du für mich da warst
Danke auch für dein Versprechen

Heute möchte ich mal „Danke" sagen
Stelle keine langen Fragen

Danke für den Mond und Sterne
Diese Reise machte ich gerne
Nun musste ich zurück
Such' woanders jetzt mein Glück

Heute ist mein Ehrentag

Heute ist mein Ehrentag
Doch deinen Anruf gab es nicht
Du bist heute nicht mehr da
Und erfüllst keine Pflicht

Heute ist mein Ehrentag
Ich bedaure es sehr
Dass du fortgegangen bist
Deine Wohnung ist so leer

Bin gespannt wo du jetzt bist
Du wirst heute sehr vermisst
Als wir damals Spiele spielten
Und dich für Gewinner hielten

Heute ist mein Ehrentag
Und ich gehe an dein Grab
Zünde eine Kerze ein
Meine Hoffnung starb

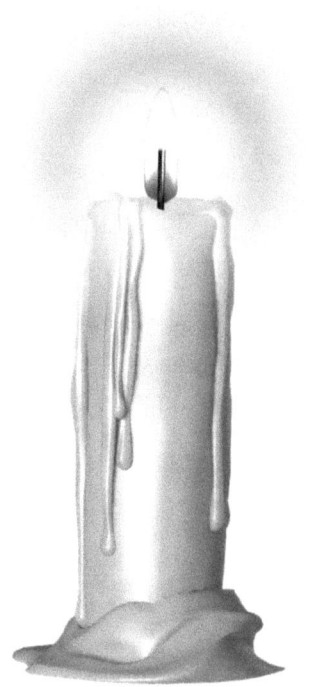

Ich wünsche dir

Ich wünsche dir
Gesundheit und Glück
Sagt man immer so

Ich wünsche dir noch mehr
Darüber bin ich froh

Ich wünsche dir
Die Leichtigkeit der Schneeflocke
Ein warmes Haus und
Eine volle Socke

Na du weißt schon
Mit Geld gefüllt

Oder mit Träumen?

Auf dein Bauchgefühl zu hören
Sollst du nie versäumen

Ich wünsche dir
Gute Ziele
Angekommen sind leider
Nicht immer sehr viele

Ich wünsche dir daher
Ganz viel Mut und Stärke
Auf deinem Weg
Nicht allzu viele Berge

Ich wünsche dir
Gute Freunde um dich herum
Die dir den Weg mal zeigen
Und dir mal einfach guttun

Ich wünsche dir
Dass du immer weißt
Woran du bist

Und die Menschen die dir
Gutes wünschen
Nie vergisst

Wir sind beide nicht perfekt

Heute möchte ich dankbar sein
Dankbar sein für dein „Nein"
Dankbar sein auch für dein Schweigen
Vieles solltest du mir zeigen
Und du hast es oft vergessen

Ich war manchmal wie besessen

Nun komme ich endlich zur Ruhe
Schließe alles in eine rote Truhe
Gehe mit dir morgen weg

Auf der Wiese in der Sonne
Trinken wir gemütlich Sekt
Stoßen jetzt auf gute Zeiten
Dies gilt ja für beide Seiten

Leider werden wir geweckt …

Wir sind beide nicht perfekt

Ganz egal, wohin wir gehen

Ganz egal wo wir weiter gehen
Ganz egal ob wir verstehen
Behalte dich in meinem Herzen
Zünde ein paar rote Kerzen
Als Zeichen meiner Liebe

Nein Scherz, wenn es sie gäbe
Würde ich hier
Nicht alleine sitzen
Sondern mit dir
Auf der Wiese flitzen

Mit dir reisen, Freude haben
Sushi essen, nie beklagen
Und an allen Wochentagen
Nur verrückte Sachen machen

Sowas hattest du noch nie ...

Doch leider

Bist du nur
Ein Traum

'ne Phantasie

Ich dachte still im Herzen

Ich dachte
Still im Herzen
Dass du nicht hier bist

Ich dachte
Still im Herzen
Dass du das nicht liest

Ich dachte
Still im Herzen
Dass du mich vergisst

Du und ich zusammen
Ein Treff auf anderen Sphären
Wir sind schon zu weit
Wir können nicht umkehren

Ich dachte
Still im Herzen
Du begleitest mich

Aber eigentlich und ganz sicher

Auf deinem Weg
Ein wenig

Begleite ich
Dich

Pass auf dich gut auf,
meine Phantasie

Auf einer Wolke fliegst du draußen
Und manchmal in meinem Kopf
Fliegst weiter in den Garten
Und setzt dich auf den Topf

Willst mich ein Stück begleiten
Ich glaube es kaum noch

Ist eine schwere Zeit

Darum bin ich froh
Dass du da bist, meine Phantasie

Ich kann fliehen in unbekannte Sphären
Das tat ich vorher nie
Ich kann dir alles sagen
Und anvertrauen, wie schön es ist

Auch vieles wagen
Und du erlaubst es mir

Heute
Möchte ich dich
Noch etwas Wichtiges fragen

Nun leider bist du weg
Ich muss dies vertagen

Die Wolken ziehen weiter
Bin traurig, irgendwie
Jetzt muss ich ohne dich gehen
Leider

Jedoch vergessen
Werde ich dich nie ...

Pass auf dich gut auf, meine Phantasie

Zeitfracht Medien GmbH
Ferdinand-Jühlke-Straße 7
99095 Erfurt, Deutschland
produktsicherheit@kolibri360.de